Josef Guggenmos

Rundes Schweigen
Ausgewählte Haiku 1982 - 2002

Herausgegeben und mit einem Nachwort
von Stefan Wolfschütz und Andreas Wittbrodt

© 2016

Herstellung und Verlag:
BoD – Books on Demand, Norderstedt.

ISBN: 9783743141995

Inhalt

Frühling 8

Sommer 22

Herbst 42

Winter 60

Neujahr 68

Nachwort.
Die Haiku von Josef Guggenmos 70

Drucknachweise 95

Aus siebzehn Silben
winzig Erbautes, du mein
Alles, Hütte, Dom.

Frühling

Unentwegt fallen
von gläsernen Eiszapfen
blitzende Tropfen.

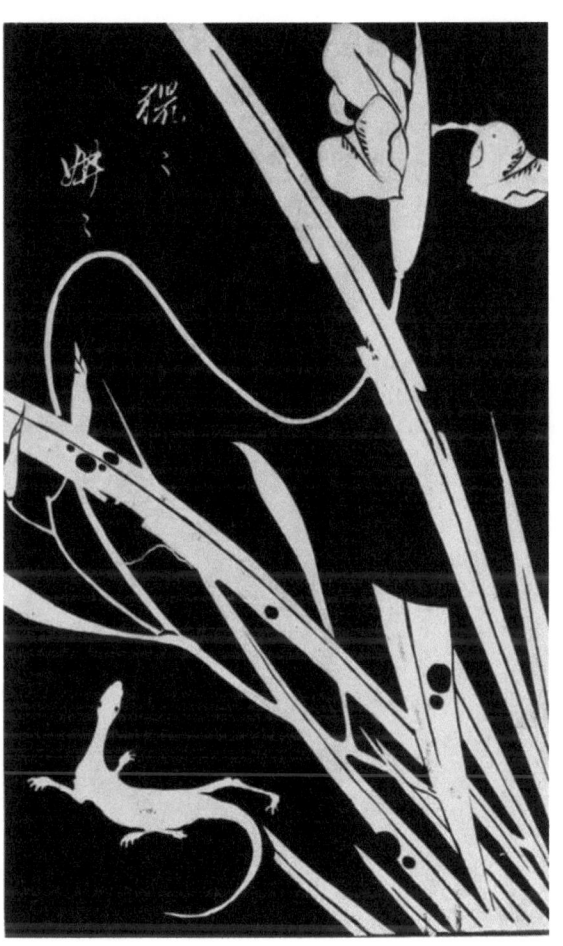

Der Löwe aus Stein
piepst: „Gib! Gib! Gib!" Ihm nisten
Meisen im Rachen.

Rotschwänzchen sitzt und
knickst, ziert Holzstoß – Hackstock – jetzt
auf dem First mein Haus.

Husch am Bach, im Busch,
hell schmetternd zur Schneezeit schon,
das Zaunköniglein.

Im Regen trippeln
dicht gedrängt, blökend, hundert
geschorne Schafe.

Auf dem Weg, bestreut
mit Kastanienblüten,
H i m m e l und H ö l l e .

Himmel – lichtblauer
Ozean. Blaue Sternlein:
Frühlings-Enzian.

Festliche Urzeit:
Iris und Wollgras, Balzflug
der Bekassine.

Der Märzwind lärmt ums
Haus, begeistert klappern mit
die Fensterläden.

Grün bricht's hervor, nun
sogar aus den kohlschwarzen
Knospen der Esche.

Ich und die Buchen
mitten im Sternenhimmel
der Buschwindröschen.

Still stand ich im Wald,
war zu Haus, war nur da, ich:
Baum unter Bäumen.

Ich lege mein Ohr
an den Ahorn, fast hör ich
es schlagen, sein Herz.

Frag nicht die Felsen,
die Schweiger. Frag „Was ist Glück?"
Falter und Fohlen.

Bück dich! Ich tat's nie –
Regenbogenschüsselchen
fand ich nicht eines.

Tisch im Garten, zwei
Stühle, meiner und der dort
für den, der nicht kam.

Sommer

Ein Dutzend Spatzen
hört ich plaudern. Was denn, was?
Ich sag's nicht weiter!

Fliegen traf ich viel –
tausendmal. Einmal, welch Glück,
dich, Salamander.

Schau! Himmelhoch der
Regenbogen und genau
drunter: unser Haus!

Wo ich hause, hier
am End der Welt: Schön ist schön
noch ein letztes Mal.

Knall – Krach! Der Donner
haut mit der Faust auf den Tisch.
Der traut sich. Ich nie.

Donner auf Donner!
Hemden, Handtücher, Höschen
zappeln erschrocken.

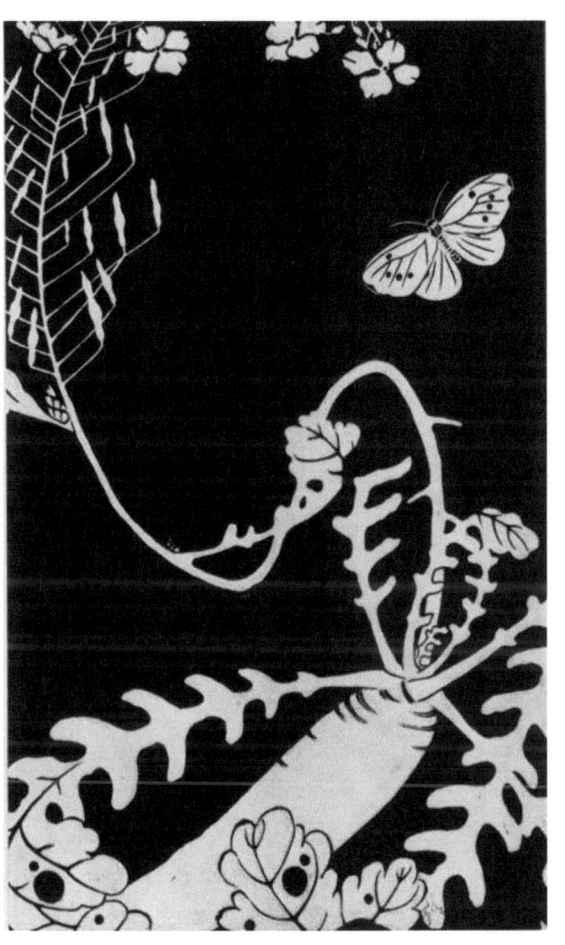

Spinnennetz zwischen
Strauch und Strauch. Mich verneigend
geh ich unten durch.

Die Eidechse wie
aus grünem Erz beim Schöllkraut
an alter Mauer.

Nach langem Regen
Sonne, blitzende Blätter,
dampfende Dächer.

Am Weiher: Reiher
reglos. – Ihr Bild im Weiher:
reglose Reiher.

Am Weiher: Reiher,
weiß. – Gespiegelt im Weiher:
reglose Reiher.

Glimmend wandernde
Sternchen: Glühwürmchen spielen
Weltall am Waldrand.

Entengeschwader
auf blankem See. – Im Schilfwald
um mich Geflüster.

An der Hauswand sitzt
ein beinah Nichts wie ich, sitzt,
sonnt sich ein Falter.

Libelle, jäh da,
blank, schlank, kurz still vor mir, jäh
aus meinem Leben.

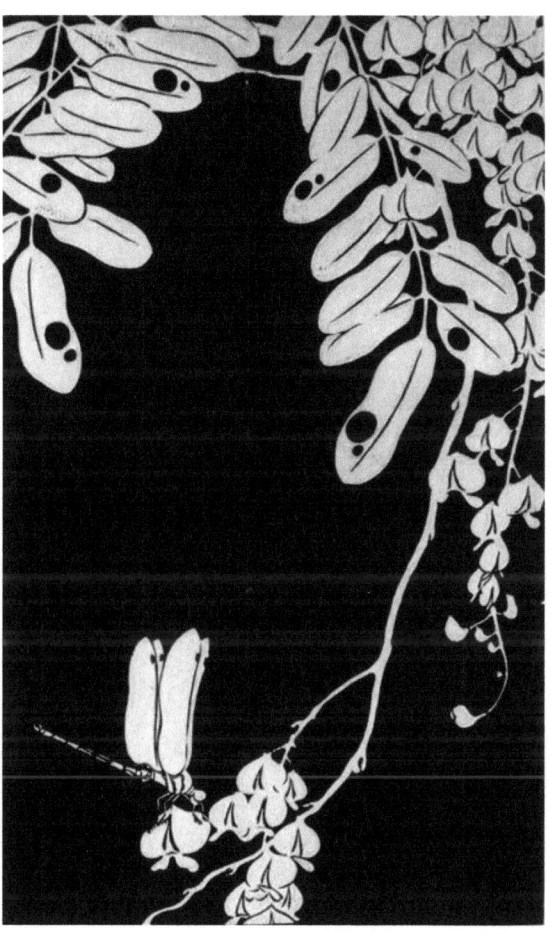

Was triebst du, sag, zur
Zeit Karls des Großen? (Ich selbst
hüpfte als Heupferd.)

Abend am Bach – Fest,
lautlos auf und nieder: Tanz
der Eintagsfliegen.

Der Abend dämmert.
Auf die Waldwiese treten
zögernd die Rehe.

Herbst

Waten im Fallaub,
herrlich lärmend: dem stillen
Winter entgegen.

Ein Zeitungspapier
rennt querfeldein. Hinterdrein
ein Hund. Holt er's ein?

Kürbis, goldner, dich
ließ der Sommer da. Schwerer, wer
schleppt dich ins Haus?

Im Gras ein Apfel,
rundes Schweigen, hingelegt
an den Rand der Welt.

Rätsel Augenblick,
dich, Fülle, darf ich preisen,
einen Atem lang.

Reck dich, Hahn, kräh! Mit
Wehmut lausch ich. Kräh, Hahn, kräh,
du letzter im Dorf!

Roter Regenschirm,
auf der Hecke ging er stumm
an mir vorüber.

Herbsthimmel, grau, nah.
Waldteich, still da, Weltall für
Erpel und Ente.

Mein Tag. Und dein Tag.
Ihr Tag, der Elster Tag. Tag,
unzählbarer Tag.

Auf kahlem Baum ein
goldner Vogel, nein, ein Blatt,
eins noch, zum Flug bereit.

Ein gelber Falter?
Vom Baum schwebt nun, schwebt still ein
erstes gelbes Blatt.

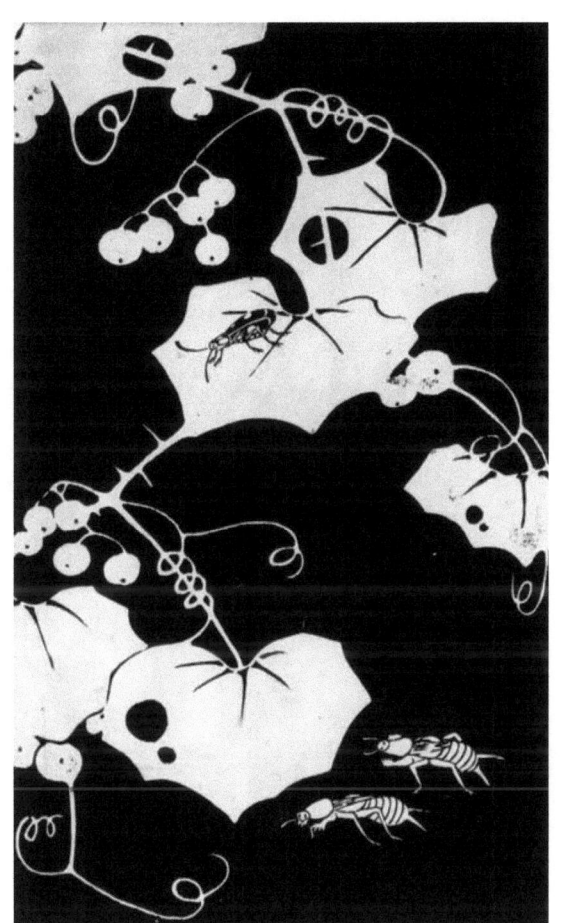

Schweig, was krakeelst du,
Häher, ich bin's nur, im Wald
ein wandernder Baum.

Bretterhütte, alt,
schief, doch auf dem Dach aufrecht,
krönend ein Bussard.

Du Husch, du Ruckzuck –
baumstammnauf, Eichkätzchen, ja,
guck auf mich herab!

Weg zurück. Hütten
und Burgen. Eine Elster
sitzt auf dem Galgen.

Unkraut, geliebtes,
Erdrauch, Gauchheil, Kamille,
ihr, meinesgleichen.

Dunkler Wacholder –
Regen fiel – funkelnd vom Spiel
farbiger Tropfen.

Stille Flammen in
Laternen. – Blätter huschen
über die Gräber.

Winter

Ein Schneekristall lag
mir auf der Hand, ewig schön,
eine Sekunde.

Da lief eine Maus
von diesem Loch zu jenem
barfüßig im Schnee!

Unterm verschneiten
Reisighaufen ein Igel,
zusammengekrümmt.

Eine Hand, fünfmal
gedrückt in den Schnee. Und dort
sechs Krähentritte.

Apfelbaum, Schnee drauf.
Ein Wacholderdrossel-Trupp
schwirrt, guckt, findet noch.

Im Schnee kreuz und quer
hinterm Fuchs durch den Wald. – Da
am Steilhang der Bau!

Ich geh durch den Schnee
auf dem Waldweg. Nur einer
ging vor mir: der Fuchs.

Loch am Hang, im Schnee
Tritte raus, rein, hier haust er,
er selber, der Fuchs.

In einem Haus schellt
das Telefon, schellt und schellt.
Dann: Totenstille.

Da sitzt die Fliege,
sitzt – und putzt sich die Flügel
auf meinem Gedicht!

Das Wasser brodelt
im Kochtopf, der Blechdeckel
klipperdiklappert.

Jahrelang reiste
eilig das Licht dieses Sterns.
Nun trifft's bei mir ein.

Im Kahn du, ich, Fahrt
ins Jahr, die Ruder ruhn, uns
jagt der schnelle Strom.

Neujahr

Anläßlich der aufgeregten Diskussion zur
Jahrtausendwende schrieb Josef Guggenmos
vier Haiku

Mich und die Fliege,
die freche, erwischt's, geht, rums,
jetzt die Welt unter.

Weltuntergang ist
angesagt. Ich sitz vorm Haus,
die Beine gestreckt.

Als sie unterging,
die Welt, saßen wir da und
staunten: Na, so was!

Weltuntergang? Ab-
gesagt. Auch recht. Komm, wir gehn
Steinpilze suchen.

Nachwort.
Die Haiku von Josef Guggenmos

1.

Ende 2003 übersandte Andreas Wittbrodt Stefan Wolfschütz ein kleines Heft „Mit zwölf Haikus durch das Jahr" von Josef Guggenmos, das ihm der Mainzer Buchhändler Christof Jung ein Jahr zuvor überreicht hatte.[1] Wolfschütz war der Name ‚Josef Guggenmos' zwar aus dem Bereich der Kinder- und Jugendlyrik vertraut, mit dem Haiku hatte er ihn bislang jedoch nicht in Verbindung gebracht.

Das Heft war 1984 als Weihnachtsgabe des kleinen Verlages ‚Windecker Winkelpresse' an seine verehrten Kunden entstanden. Nach der Lektüre fand Stefan Wolfschütz es schade, daß die Gedichte nirgendwo anders zugänglich waren. Aus diesem Grund nahm er Kontakt zur ‚Windecker

Winkelpresse' auf. Bei einem Telefongespräch erfuhr er, daß der Inhaber der ‚Windecker Winkelpresse', Günther Weiß-Margis, verstorben war. Formal existierte der Verlag zwar noch, jedoch übte er keinerlei Geschäftstätigkeit mehr aus. Auf die Frage, wer die Rechte an den Haiku hält, verwies Herr Weiß-Margis jun. auf die Familie Guggenmos in Irsee.

Unmittelbar nach diesem Telefonat brachte Stefan Wolfschütz via Internet in Erfahrung, daß Josef Guggenmos drei Monate zuvor, im September 2003, verstorben war und seine Frau, Therese Guggenmos, nach wie vor im gemeinsamen Haus in Irsee wohnte. Er griff zum Telefonhörer und hatte Frau Therese Guggenmos einige Sekunden später am Apparat. Als das Wort ‚Haiku' fiel, konnte er spüren, wie die Stimme der alten Dame am anderen Ende der Telefonleitung lebendig wurde. Sie begann zu erzählen; es wurde ein langes Telefonat. Von Minute zu Minute erfuhr er mehr von der Geschichte des Autors und Menschen Josef Guggenmos sowie von dessen besonderer Leidenschaft für das japanische Kurzgedicht.

2.

So einer bin ich.
Ich schrie nicht: Platz da! Verzieh dich!
Ich blieb vergnügt und stumm.
Ein Baum stand mir im Wege.
Ich ging um ihn herum.[2]

So einer war Josef Guggenmos, der am 2. Juli 1922 in Irsee geboren wurde und dort auch, mit Ausnahme der Kriegszeit und einiger Jahre der Nachkriegszeit, sein Leben verbrachte.[3] Das Geburtshaus, das schon der Großvater erworben hatte, diente ihm bis an sein Lebensende als Stätte seines Wirkens und Schaffens. Guggenmos besuchte die Volksschule am Ort, später das Gymnasium in St. Ottilien. Gleich zu Beginn des 2. Weltkrieges wurde er zur Wehrmacht eingezogen. Den Krieg überstand er einigermaßen unbeschadet als Fernmeldesoldat am Schwarzen Meer, in Reval und, gegen Ende des Krieges, in Dänemark.[4]

Nach Kriegsende widmete sich Guggenmos dem Studium der Germanistik, der Kunstgeschichte, der Archäologie sowie der Indologie in Marburg, Erlangen und Bonn. 1950 ging er für ein Jahr nach Finnland, um Land und Leute kennenzulernen. Zurück in

Deutschland, arbeitete Guggenmos als Lektor und Übersetzer für verschiedene Verlage und lebte an wechselnden Orten, in Stuttgart, Wien und Salzburg. Ende der 1950er Jahre kehrte er in sein Elternhaus in Irsee zurück, wo er bis zu seinem Tod gelebt und gearbeitet hat.

Guggenmos, der 1956 unter dem Titel „Lustige Verse für kleine Leute" sein erstes Buch mit Kinderlyrik vorlegte,[5] wurde im Laufe der Jahrzehnte mit und neben James Krüss zum herausragendsten Verfasser von Gedichten in dieser Gattung, also von Lyrik „großenteils in gereimter Sprache und in einer bestimmten Form".[6] Der Ruf des Autors wurde nicht durch PR-Agenturen begründet, sondern durch seine Texte. Spätestens seit 1967, dem Erscheinungsdatum von „Was denkt die Maus am Donnerstag", Guggenmos' wohl bekanntestem Buch,[7] vermochte er mit seiner Lyrik nicht nur Kinder zu begeistern, sondern auch Erwachsene.[8] Josef Guggenmos begriff das Kindergedicht stets vor allem als *Kunstwerk*,[9] nicht als pädagogische Veranstaltung, und schrieb „zuerst für das Kind in sich selbst".[10] Für Kinder zu schreiben, sie „wacher, lebendiger, furchtloser, fröhlicher zu machen",[11] war und ist ein

Talent, das nur wenige Autoren wirklich besitzen. Guggenmos jedenfalls konnte, was bei einem Verfasser von Kinderliteratur selten ist, von seiner Schriftstellerei leben.[12]

1997, im Alter von 75 Jahren, ereilte den Autor ein Schlaganfall. Zwei Jahre brauchte er, um sich davon zu erholen. In dieser Zeit wendete sich Guggenmos verstärkt jener Gattung zu, der er schon früher begegnet war – dem japanischen Haiku. Beschäftigt hatte er sich damit vermutlich bereits in seinen Studientagen sowie im Zusammenhang seiner Kontakte zur Altbuddhistischen Gemeinde in Utting am Ammersee, ganz in der Nähe von Irsee. In seinem Bücherschrank stehen Übersetzungen klassischer japanischer Haiku ins Deutsche von Suzuki Daisetzu. 1984 trat Guggenmos mit der oben genannten Jahresgabe aus der ‚Windecker Winkelpresse' erstmals als Haiku-Autor hervor, wenngleich seinerzeit auch nur vor eine vergleichsweise kleine Öffentlichkeit. Drei der Gedichte, die in dem Heft „Mit zwölf Haikus durch das Jahr" enthalten sind, fanden Eingang in Hans-Joachim Gelbergs Kinderlyrik-Anthologie „Überall und neben dir" von 1986.[13] Weitere Haiku wurden ganz vereinzelt in Jugendbüchern publiziert.

Grundsätzlich jedoch nahm man Guggenmos auch nach 1984 weiter allein als Autor von Kinderliteratur wahr.

1999, nachdem sich der Autor etwas von seinem Schlaganfall erholt hatte, wurde das Haiku für ihn jedoch immer wichtiger. Freilich zielte er mit seinem Haiku-Schreiben nicht mehr auf Veröffentlichungen ab, vielmehr vollzog der Autor, indem er das Haiku aufnahm, eine Wendung ins Persönliche. Die japanische Gattung half Guggenmos dabei, weiter in dem fortzufahren, was er so sehr liebte: schauen und schreiben. Seine Haiku waren meist Mitbringsel von Streifzügen durch die Wälder um Irsee. Gelegentlich faßte der Autor auch besondere Ereignisse im heimatlichen Dorf schlaglichtartig in Worte:

> Reck dich, Hahn, kräh! Mit
> Wehmut lausch ich. Kräh, Hahn, kräh,
> du letzter im Dorf!

Zu Lebzeiten schrieb Guggenmos seine Haiku im Grunde genommen nur für sich selbst oder noch für die Mitglieder seiner Familie. Besonders deutlich tritt dies in den Gedichten hervor, in denen er die hysterischapokalyptischen Visionen anläßlich der Jahrtausendwende kommentiert:

> Weltuntergang? Abgesagt. Auch recht. Komm, wir gehen Steinpilze suchen.

Publiziert wurden die Haiku der späten Jahre jedoch nicht, und ohne die ‚Windecker Winkelpresse' wären wohl noch nicht einmal die frühen Haiku an die Öffentlichkeit gekommen.

Josef Guggenmos verstarb am 25. September 2003. Seinen Grabstein ziert, von ihm bereits einige Jahre zuvor ganz im Stile des japanischen ‚jisei'[14] (Todesgedichts) verfasst, folgendes Haiku:

> Immerzu geh, am
> End steht er da, wartend, alt,
> gütig und wissend.

3.

Von Josef Guggenmos sind insgesamt 345 Haiku überliefert. Seine Tätigkeit als Verfasser japanischer Dreizeiler reicht bis in das Jahr 1981 zurück: Die ältesten bekannten Haiku stammen – verlässt man sich auf die

Datierungen der Manuskripte – vom 29. Dezember 1981. Das Haiku-Schaffen des Autors erfolgte dabei in zwei Phasen. Die erste Phase reichte vom Jahresende 1981 bis Ende März 1982 und beinhaltet 80 Gedichte, die zweite reichte vom 21. August 1999 bis zum 13. Oktober 2002 und beinhaltet 250 Gedichte. 15 Haiku lassen sich nicht eindeutig zuordnen. Vergleicht man die Gedichte der beiden Phasen miteinander, so kann man weder hinsichtlich der Form noch hinsichtlich der Inhalte besondere Unterschiede feststellen – was es erlaubt, die Haiku *beider* Schaffensperioden, wie in der vorliegenden Ausgabe der Fall, in *einem* Buch zusammenzufassen.

Die 1984 unter dem Titel „Mit zwölf Haikus durch das Jahr" publizierten Gedichte, mit denen Guggenmos erstmals als Haiku-Autor hervortrat, sind nach dem Prinzip der Jahreszeiten angeordnet.[15] Jedem Monat des Jahres entspricht dabei ein Haiku. Die zwölf Gedichte hatte Guggenmos aus den 80 Haiku seiner ersten Phase ausgewählt. Neben dieser Haiku-Folge aus dem Jahr 1984 liegt, wenngleich nur im Typoskript, eine weitere Sequenz vor. Sie umfasst 60 Gedichte, die der Autor aus den 103 Haiku des Jahres 1999 zusammengestellt hat. [16] Das Prinzip, das Guggenmos bei der Konzeption seiner Sammlungen befolgte, haben die Herausgeber des vorliegenden Bandes übernommen: Aus den überlieferten 345 Haiku wurde eine Auswahl von 70 Gedichten getroffen und, in Entsprechung zum Ablauf des Jahres, in eine chronologische Ordnung gebracht.

Die Auswahl der Haiku wurde zunächst durch das Erfordernis bedingt, einen vollständigen Jahreszeiten-Kreislauf zusammenzustellen. Darüber hinaus wurden Gedichte bevorzugt, auch dies im Einklang mit dem Vorgehen des Autors, bei denen es sich um Haiku im eminenten Sinne handelt, also um Gedichte mit einem (möglichst) ausgeprägten Jahreszeiten- sowie einem engen Naturbezug. Im weiteren wurden vorzüglich solche Gedichte berücksichtigt, die über eine besondere evokative Kraft verfügen und für die Themen sowie Motive der Haiku insgesamt repräsentativ sind. Verzichtet wurde auf die Aufnahme von Gedichten, die stilistische Unebenheiten aufweisen, also z. B. wissenschaftliche Fachsprache enthalten, etwa die Wortgruppe „Paarungskette, Paarungsrad", oder auch von Gedichten, in denen der

Autor das, was er auszudrücken beabsichtigt, weniger *zeigt* als *sagt*, also etwa ein Spinnennetz als „Kunstwerk" bezeichnet, anstatt es *als* ein solches *im* Gedicht zu versinnbildlichen.

4.

Vieles von dem, was die Haiku und das Haiku-Schreiben von Josef Guggenmos betrifft, vermag man erst ‚richtig' zu verstehen, wenn man sein Haus, seinen Garten und den Wald gesehen hat, die Räume und Landschaften, die er Tag für Tag, Jahr um Jahr durchschritt. Hier hat er seine liebenswerten Parabeln auf die Welt geschrieben; hier entdeckte er schließlich für sich das Haiku wieder. Zurückzuführen hat man die Naturbezogenheit des Autors auf dessen Prägung durch ein Leben in und mit der Umgebung seines Allgäuer Domizils. „Er kann stundenlang vor einem Fuchsbau liegen, bis die Jungen herauskommen, endlich auch die alte Füchsin, ohne Argwohn; er erkennt jeden Vogel in seiner Heimat, dem Allgäu, an seinem Flug und an seiner Stimme; er weiß, welche Pflanze wann wie ausschaut und was sie wann macht und was sie gern hat oder nicht; er liebt die einfachen Dinge".[17]

Naturbezogenheit ist ein Kennzeichen von Guggenmos' Literatur insgesamt. Neben naturkundlichen Bilderbüchern, etwa dem aufwendig illustrierten Band „Vögel", findet man in der Natur angesiedelte Kindergeschichten, wie z. B. in dem Buch „Ich läute den Frühling ein", ein im vorliegenden Zusammenhang zweifellos bezeichnender Titel.[18] Darüber hinaus findet man regelrechte Einführungen in das Leben der Natur, z. B. den Band „Ich bin geboren mit langen Ohren", eine Sammlung von Geschichten – angeordnet nach den vier Jahreszeiten –, etwa über die Begegnung mit einem ‚Sechzehnender' oder die Häutung einer Heuschrecke, mit einem kleinen Lexikon der Pflanzen und Tiere, die im Buch vorkommen, im Anhang.[19] Auch die wenigen literarischen Zeugnisse, in denen Guggenmos als Lyriker ‚für Erwachsene' hervortritt, verfügen über einen deutlichen Naturbezug.[20]

Dank dieses Naturbezuges, der die Haiku von Guggenmos im besonderen Maße prägt, stehen diese in der Tradition der ‚klassischen' deutschsprachigen Haiku-Literatur, wie sie faktisch 1962 von Imma von Bodmershof, als „Gutsbesitzerin"[21] im österreichischen Waldviertel ebenfalls ein sehr naturverbundener Mensch, mit ihrem Buch „Haiku" begründet[22] und u. a. von H. C. Artmann mit „Nachtwindsucher", von Uli Becker mit „Dr. Dolittles Dolcefarniente" sowie neuerdings von Gerhard Habarta mit „Net vü umadum redn" fortgeführt wurde.[23] Beispielhaft für die Haiku Bodmershofs ist etwa das folgende:

> Das alte Mühlrad
> vom Wasser hell übersprüht –
> es dreht sich wieder.[24]

Dank der Form ‚5-7-5', des Jahreszeitenthemas (‚kidai'), hier ein Thema des Frühlings, des geschickten Einsatzes von Verspausen (‚kireji'), der schlichen und zugleich bildhaltigen Sprache, des spürbaren Nachhalls (‚yoin'), es ist die Atmosphäre eines Sonntagsspazierganges an einem Frühlingsmorgen, sowie nicht zuletzt dank des Vokalismus, also der Sprachmelodie, liegt mit diesem Gedicht ein mustergültiges Haiku deutscher Sprache vor.[25]

Die Stilzüge, welche für die Haiku Imma von Bodmershofs charakteristisch sind, prägen im wesentlichen auch die Gedichte von Josef Guggenmos. Sie sind orientiert an der traditionellen Haiku-Form mit ihren ‚5-7-5' Silben, verfügen über einen engen Bezug auf die Natur sowie die Jahreszeiten, zeichnen sich durch die Prägnanz der Bilder und in den meisten Fällen auch, vielleicht *das* Merkmal eines Haiku von wirklicher künstlerischer Qualität,[26] durch einen wirksamen atmosphärischen Nachhall (‚yoin') aus. Damit schreibt Guggenmos die bestehende Tradition des ‚klassischen' *deutschen* Haiku nicht nur aufgrund der Bindung an die Jahreszeiten sowie der Verwendung von Natur-Themen und Natur-Motiven fort, sondern auch aufgrund der eingesetzten sprachlichen und literarischen Stilmittel.

5.

Im Rahmen dieser Tradition weisen die Haiku von Guggenmos jedoch auch einige Besonderheiten auf. Diese betreffen vor allem die akustische Ebene. So sticht insgesamt besonders die *rhythmische Prägung* der Gedichte hervor. Sie sind nicht nur für die Lektüre geschrieben, mithin nicht nur Leselyrik, sondern auch, wenn nicht sogar in erster Linie, für das Hören, mithin Sprechlyrik.[27] Ein gutes Beispiel für die stets bedachte rhythmische Formung der Gedichte ist das folgende (auch oben abgedruckte) Haiku über eine Libelle:

Libelle, jäh da,
blank, schlank, kurz still vor mir, jäh
aus meinem Leben.

So unvermittelt, wie das Insekt erscheint, so unvermittelt wird es genannt: „Libelle, jäh da". Nachdem der erste Vers das Bild der Libelle ‚jäh' evoziert hat, wird es im zweiten Vers weiter ausgeführt: „blank, schlank, kurz still vor mir". Der Sprecher beschreibt, wie die schmale, schimmernde, ja geradezu elegante Libelle den ‚eckigen' und ‚ruckartigen' Flug, wie er für sie charakteristisch ist, sozusagen unterbricht, um einen Moment lang, dem Blick *als* Libelle faßbar, in der Luft auf der Stelle zu verharren. Der nächste Satz bringt dann zum Ausdruck, wie das Insekt aus dem Gesichtsfeld des Sprechers verschwindet: „jäh / aus meinem Leben". So plötzlich, wie die Libelle in den Blick gekommen ist, so plötzlich – „jäh" – entzieht sie sich ihm wieder. Insofern Guggenmos die Verspause, indem er den letzten Satz gleich nach „jäh" ‚umbricht', gegen den Satzrhythmus kehrt, verleiht er der Plötzlichkeit, mit der die Libelle verschwindet, besonderen Ausdruck – ein Effekt, der vor allem dann zur Geltung kommt, wenn man das Gedicht laut vor sich hinspricht. Der schöne Anblick entzieht sich dem Sprecher derart schnell, daß es ihn geradezu schmerzt, er einen Verlust für sein Leben empfindet.

Der Binnenreim „blank – schlank" im zweiten Vers des Gedichts gehört zu den weiteren Besonderheiten von Guggenmos' Haiku, und zwar weniger an sich, obschon Binnenreime in den Gedichten mehrfach vorkommen, denn als Teil eines umfassenderen *Vokalismus*. Ein gutes Beispiel dafür, ebenso wie nochmals für die Rhythmisierung der Gedichte, sind zwei (auch oben abgedruckte) Gedichte über Reiher:

> Am Weiher: Reiher
> reglos. – Ihr Bild im Weiher:
> reglose Reiher.

> Am Weiher: Reiher,
> weiß. – Gespiegelt im Weiher:
> reglose Reiher.

Der Vokalismus beruht, hält man sich zunächst an das erste Gedicht, auf den darin enthaltenen Reimen: dem Binnenreim „Weiher – Reiher" im ersten Vers, dem Endreim „Reiher – Weiher", der den ersten und zweiten, sowie den Endreim „Weiher – Reiher", der den zweiten und dritten Vers miteinander verbindet. Neben die drei (nahezu) identischen Reime tritt der (nahezu) identische Binnenreim „reglos – reglose", der den Beginn der zweiten mit dem Beginn der dritten Zeile verbindet. Faßt man das zweite Gedicht in den Blick, so wird der Vokalismus in einer anderen Hinsicht deutlich: Offenkundig hat Guggenmos hier das Adjektiv „weiß" an den Anfang und das Partizip „gespiegelt" in die Mitte der zweiten Zeile gesetzt, um den Klangteppich der ‚ei' bzw. ‚i'-Laute zu vermehren. Die Reglosigkeit der Vögel, wie sie die ‚r'-Alliteration „reglose Reiher" im dritten Vers zusätzlich betont, bleibt ja dank dessen Unverändertheit auch in der zweiten Fassung erhalten.

Die besonderen akustischen Qualitäten der Gedichte, deren Rhythmik, bewirkt durch den überlegten Gebrauch von syntaktischer Gliederung und Verspause, sowie deren Vokalismus, bewirkt durch den Reim und die Häufigkeit ‚klingender' Vokale, stehen jedoch nicht für sich, sie korrespondieren vielmehr mit der Bedeutungsebene, also dem Wortgebrauch. Ganz offensichtlich plaziert Guggenmos die bild- und bedeutungshaltigen Wörter, die er nach Möglichkeit verwendet, stets so, dass sie – dank des Rhythmus´ – eine besondere Akzentuierung erfahren. Auch dies lässt sich gut an den beiden zitierten Reiher-Gedichten zeigen:

Zunächst sind die Begriffe ‚Weiher', ‚Reiher', ‚Reglosigkeit', und ‚Bild' oder auch ‚Spiegelung' jeweils *konkret* und darum *bildkräftig* (im Unterschied zu Abstrakta wie zum Beispiel ‚Vogel', ‚Blume' oder ‚Wasser') sowie auch *sprachrichtig* und *eingängig* (im Unterschied zu – jeweils einen ganzen Vers beanspruchenden – Wortungetümen wie, um einmal Prägungen anderer Haiku-Autoren herauszugreifen, „Seerosenschimmer" oder „unterganggeweiht").

Im weiteren hat Guggenmos die bedeutungtragenden Wörter, hier zumal die „Reiher", das zentrale Motiv des Gedichts, an das Versende gesetzt, wo sie, bedingt durch die nachfolgende rhythmische Pause, besonders betont werden, insofern diese der Vorstellungskraft Gelegenheit gibt, ein Bild von Reihern zu entwerfen. Besonders deutlich tritt dieser Effekt beim Übergang vom ersten zum zweiten Vers hervor: Nachdem sich das

Bild von den Reihern eingestellt hat, wie sie still an oder in einem Weiher stehen, wird die Reglosigkeit, mit der die Vögel abwarten, bis daß ein Fisch vorbeischwimmt, den sie erbeuten können, durch den Zeilenbruch besonders hervorgehoben: „Reiher / *reglos*".

Schließlich bilden die rhythmischen Akzente, hervorgerufen durch die Verspausen, die natürlichen Satzakzente sowie auch die Wortakzente, also das Gefüge von betonten und unbetonten Silben, ein stimmiges Ganzes:

$$\cup \; \_ \; \cup \; \_ \; \cup$$
Am Weiher: Reiher

$$\_ \; \cup \; \cup \; \_ \; \cup \; \_ \; \cup$$
reglos. – Ihr Bild im Weiher:

$$\_ \; \cup \; \cup \; \_ \; \cup$$
reglose Reiher.

Wenngleich das Haiku an sich in aller Regel, obwohl es durchaus über einen raffinierten akustischen Aufbau verfügen kann,[28] keine Endreime kennt – auch bei Guggenmos ist das Beispiel der Reiher-Gedichte ein besonders extremer Fall –, empfindet man die besondere *Klanggestalt* der Haiku, wohl deren herausragender Stilzug insgesamt, doch nicht als störend oder aufgesetzt.

Die Fähigkeit, klangvolle und wortspielerische, anschauliche und pointierte Haiku zu verfassen, verdankt Guggenmos gewiß seiner Übung als Verfasser von Kinderlyrik, für welche eben diese Stilzüge charakteristisch sind. Offenkundig hat der Autor das Haiku wie zuvor das Kindergedicht als sprachliche „Kleinplastik"[29] verstanden und behandelt. Stets auch kommt er in seinen Haiku, nicht anders als in seiner Kinderlyrik, die dafür auch besonderes Lob erfuhr, „ohne mühsames Zeilenfüllen und Metrumerfüllen, ohne nutzlose Schnörkel"[30] aus.

6.

Rätsel Augenblick,
dich, Fülle, darf ich preisen,
einen Atem lang.

Diesem (auch oben abgedruckten) Gedicht, mit dem die Haiku-Reihe von 1999 beginnt,[31] läßt sich entnehmen, welcher ‚Sitz im Leben' der japanischen Gattung bei Guggenmos zukommt. Offenkundig dient das Haiku – dessen Rezitation oder Lektüre einen Atemzug lang dauert – dem Autor dazu, die „Fülle" dessen darzustellen, sinnfällig zu machen, was er, vor allem bei seinen Aufenthalten in der Natur, in einem „Augenblick" wahrgenommen oder erlebt hat, dessen Essenz sozusagen. Dabei wird diese ‚Fülle' um so deutlicher, um so faßlicher, um so *spürbarer*, desto voluminöser und zugleich energischer sich der Nachhall des Gedichts ausnimmt:

> Stille Flammen in
> Laternen. – Blätter huschen
> über die Gräber.

Dieses Gedicht vermag die Atmosphäre, den Inbegriff eines Besuchs auf dem Friedhof an Allerheiligen bzw. am Totensonntag in wenigen Worten zu vermitteln. Die Flammen in den roten Laternen leuchten aufrecht und beständig, ohne von dem Wind, vor dem sie durch das rote Glas geschützt sind, bewegt zu werden, der das Laub, das von den Bäumen gefallen ist, auf dem Friedhof umherweht, und dies womöglich – das Gedicht spielt im November – unter einem grauen Himmel oder bei bereits eintretender Dunkelheit, jedenfalls bei zunehmender Kälte, was die Vorstellung der zugleich hell und warm leuchtenden Laternen, vor dem Hintergrund der ‚Farblosigkeit', Dunkelheit und Kälte des Novembertages, noch intensiviert.

Die Verlebendigung der „Blätter" zu Wesen, die gleich kleinen Tieren über die Gräber „huschen", trägt noch auf ihre Weise zur Atmosphäre des Gedichts bei. Die Trauer, das Innehalten, vielleicht auch die leichte Beklemmung, die das Haiku zum Ausdruck bringt – zweifellos hält es den Moment des memento mori fest –, greifen auf den Leser über.

Die Bedeutung des Haiku für den Menschen Guggenmos, für den religiös gestimmten Menschen auch, tritt vor allem in dem folgenden Gedicht hervor, bei dem es sich ebenso wie bei „Rätsel Augenblick" um ein poetologisches Gedicht handelt, mithin um ein Haiku *über das Haiku*, um ein Gedicht also, das mit den Mitteln der Gattung, der es zugehört, eben einen Begriff von dieser Gattung zu vermitteln sucht.

> Aus siebzehn Silben
> winzig Erbautes, du mein
> Alles, Hütte, Dom.

Allem Anschein nach gebraucht Guggenmos das Haiku weniger, als eine *literarische* denn als eine *existentielle Gattung*, eine in der deutschsprachigen Haiku-Literatur nicht unbekannte Erscheinung.[32] Spricht man das

Haiku laut, vernimmt man, wie der Satzakzent, also die gravierendste Betonung des Gedichts insgesamt, bedingt vor allem durch die Verspause am Ende des zweiten Verses, auf das Wort „Alles" zu Beginn der dritten Zeile zu liegen kommt. Was dieses „Alles" ist, stellen dann die nachfolgenden beiden Substantive „Hütte" und „Dom" klar: *ein Medium, das es dem Autor ermöglicht, Kleines sowie Großes, Schlichtes sowie Erhabenes, Provisorisches sowie Beständiges, Profanes sowie Sakrales* – und womöglich ist dies noch nicht alles – zu erfassen, und dies alles jeweils, zieht man das zuvor erörterte Haiku mit heran, im *Augenblick*.

Anmerkungen

1 Josef Guggenmos: Mit zwölf Haikus durch das Jahr. Eine Jahresgabe der Buchhandlung Christof Jung in Mainz. Windeck Stromberg: Windecker Winkelpresse, 1984.
2 Josef Guggenmos: Katzen kann man alles sagen. Weinheim, Beltz & Gelberg: 1997, S. 41.
3 Vgl. den biographischen Abriß in: Dino Larese: Josef Guggenmos. Amriswil: Amriswiler Bücherei, 1980, S. 10 bis 18, sowie in: Anon.: Josef Guggenmos. Herzlichen Glückwunsch zum 80. Geburtstag am 2. Juli 2002. Weinheim: Beltz & Gelberg, [2002].

4 Zu diesem Abschnitt der Biographie vgl. Hans-Joachim Gelberg: Ein Dichter, der für Kinder schreibt. In: Josef Guggenmos. Ein Dichter, der für Kinder schreibt. ‚Sonderdruck Josef Guggenmos zu Ehren.' Hg. von Hans-Joachim Gelberg. Weinheim: Beltz & Gelberg, 1992, S. 33-51, S. 33.
5 Josef Guggenmos: Lustige Verse für kleine Leute. Illustrationen von Hadmut Hilf. Hamburg: Agentur des Rauhen Hauses, 1956. – Einen Überblick über das Werk von Josef Guggenmos verschaffen die Bibliographien in: Larese: Josef Guggenmos (Anm. 3), S. 25-29, sowie in: Josef Guggenmos. Ein Dichter, der für Kinder schreibt (Anm. 4), S. 62-64.
6 Kurt Franz: Kinderlyrik. In: Taschenbuch der Kinder- und Jugendliteratur. 2 Bde. Hg. von Günter Lange. Baltmannsweiler: Schneider Verlag Hohengehren, ²2000, Bd. 1, S. 201-219, S. 201.
7 So übereinstimmend Kurt Franz in: Ebd., S. 217, sowie Heinz-Jürgen Kliewer: Die Siebziger Jahre. In: Geschichte der deutschen Kinder- und Jugendliteratur. Hg. von Rainer Wild. Stuttgart: J. B. Metzlersche Verlagsbuchhandlung, 1990, S. 328-353, S. 348.
8 Josef Guggenmos: Was denkt die Maus am Donnerstag. Mit Illustrationen von Günther Stiller. Recklinghausen: Bitter, 1967.
9 Vgl. Josef Guggenmos: Das Schreiben von Kindergedichten als schöne Kunst betrachtet. In: Josef Guggenmos. Ein Dichter, der für Kinder schreibt (Anm. 5), S. 15 bis 17, S. 15 (¹1967).
10 Ebd., S. 16.
11 Vgl. Josef Guggenmos: Ein Kinderbuchautor stellt sich vor. In: Josef Guggenmos. Ein Dichter, der für Kinder schreibt (Anm. 5), S. 4-6, S. 5 (¹1973).
12 Vgl. Gelberg: Ein Dichter, der für Kinder schreibt (Anm. 4), S. 36.
13 Vgl. Überall und neben dir. Gedichte für Kinder. Hg. von Hans-Joachim Gelberg. Weinheim Basel: Beltz: ²1989, S. 58, 153, 282 (¹1986).
14 Vgl. Abschied vom Leben – Abschied von der Welt. Eine Auswahl japanischer ‚jisei'-Gedichte. Aus dem Japanischen übersetzt und mit einer Einführung versehen von

Géza Siegfried Dombrady. In: Hefte für Ostasiatische Literatur Nr. 2, 1984, S. 33-51.
15 Vgl. Guggenmos: Mit zwölf Haikus durch das Jahr (Anm. 1).
16 Vgl. Josef Guggenmos: *Haikus*. 1999. Typoskript; zehn paginierte Seiten DIN A4, einseitig mit jeweils sechs Gedichten beschrieben, und ein Vorsatzblatt mit Titelaufdruck.
17 So Doris Mühringer in: J. G. gesehen mit meinen Augen. In: Josef Guggenmos. Ein Dichter, der für Kinder schreibt (Anm. 5), S. 9 (^{1}1973).
18 Josef Guggenmos: Ich läute den Frühling ein. Mit vielen Bildern von Eva Johanna Rubin. Recklinghausen: Bitter, 1975; Josef Guggenmos: Vögel. Illustrationen von Janusz Grabianski. Wien Heidelberg: Ueberreuter, 1968.
19 Vgl. Josef Guggenmos: Ich bin geboren mit langen Ohren. Erste Schritte in die Natur. Wien Heidelberg: Ueberreuter, 1973.
20 Vgl. Josef Guggenmos: Tetradrachme. München Würzburg Wien: Relief, 1966.
21 Imma von Bodmershof: Kleine Autobiographie. In: Dies.: Unter acht Winden. Eingeleitet und hg. v. Hajo Jappe. Graz Wien: Stiasny, 1962, S. 123-124, S. 123.
22 Vgl. Andreas Wittbrodt: ‚Das blaue Glühen des Rittersporn.' Die Gründungsphase der deutschsprachigen Haiku-Literatur (1953-1962). In: Vierteljahresschrift der Deutschen Haiku-Gesellschaft Jg: 16, Nr. 61, 2003, S. 5 bis 18.
23 Vgl. Imma von Bodmershof: Haiku. Mit Zeichnungen von Ruth Stoffregen. München, Langen-Müller: 1962; H. C. Artmann: Nachtwindsucher. Österreichische Haiku. Berlin: Rainer, 1986; Uli Becker: Dr. Dolittles Dolcefarniente. In achtzig Haiku aus der Welt. Berlin: Maro, 2000; Gerhard Habarta: Net vü umadum redn. Hamburg, Hamburger Haiku Verlag, 2004.
24 Bodmershof: Haiku (Anm. 23), S. 15. – Vgl. dazu die detaillierte Analyse in: Andreas Wittbrodt: Haiku ist… http://www.haiku.de/haiku2/navi/indexframe1.html, und zu den Gedichten insgesamt: Andreas Wittbrodt: ‚Etwas ganz Neues, Einzigartiges.' Die ästhetische Komplexität der Haiku Imma v. Bodmershofs. In: Literatur für Leser 21, 1999, H. 1, S. 42-60.

25 Zur Poetik des Haiku ganz allgemein vgl. Horst Hammitzsch: Haikai-Dichtung – ihre Forderungen. In: Vierteljahresschrift der Deutschen Haiku-Gesellschaft Jg. 18, Nr. 68, 2005, S. 46-58; sowie Ekkehard May: Wandlungen und Möglichkeiten einer Form. Erfahrungen eines Japanologen mit dem deutschen Haiku. In: Haiku mit Köpfchen. Anthologie zum 1. Deutschen Internet Haiku-Wettbewerb. Hg. von Erika Wübbena. Hamburg: Hamburger Haiku-Verlag, 2003, S. 9-21, hier bes. S. 12-13.
26 Vgl. Hammitzsch: Haikai-Dichtung – ihre Forderungen (Anm. 25), S. 55.
27 Vgl. Dieter Lamping: Das lyrische Gedicht. Definitionen zu Theorie und Geschichte der Gattung. Göttingen: Vandenhoeck & Ruprecht, ³2000, S. 77.
28 Vgl. dazu die Analysen und Beschreibungen japanischer Haiku in: Shōmon. Das Tor der Klause zur Bananenstaude. 2 Bde. Hg. und aus dem Japanischen übertragen v. Ekkehard May. Mainz, Dieterichsche Verlagsbuchhandlung: 2000 / 2002.
29 Josef Guggenmos: Literatur für die Kleinen. In: Josef Guggenmos. Ein Dichter, der für Kinder schreibt (Anm. 5), S. 25 (¹1968).
30 Kliewer: Die Achtziger Jahre (Anm. 7), S. 348.
31 Vgl. Guggenmos: *Haikus*. 1999 (Anm. 16), Bl. 1. – Der vorliegenden Auswahl wurde allerdings, da es sich, als ein auf den 24. August 2002 datiertes Gedicht, um das neueste bzw. letzte poetologische Haiku des Autors handelt, „Aus siebzehn Silben / winzig Erbautes, du mein / Alles, Hütte, Dom" vorangestellt.
32 Vgl. Tiefe des Augenblicks. Essays zur deutschen Haiku-Poetik. Hg. v. Andreas Wittbrodt. Hamburg: Hamburger Haiku-Verlag, 2005.

Drucknachweise

1. Folgende Haiku der vorliegenden Auswahl wurden mit freundlicher Genehmigung des Verlages Beltz & Gelberg aus den jeweils bezeichneten Quellen entnommen: „Frag nicht die Felsen..." (S. 17), „Mein Tag. Und dein Tag..." (S. 50) aus: Großer Ozean. Gedichte für alle. Hg. von Hans-Joachim Gelberg. Weinheim und Basel: Beltz & Gelberg, 2000. – „Ich lege mein Ohr..." (S. 16) „In einem Haus schellt..." (S. 66), „Das Wasser brodelt..." (S. 66) aus: Überall und neben dir. Gedichte für Kinder. Hg. von Hans-Joachim Gelberg. Weinheim und Basel: Beltz & Gelberg, 1986. – „Der Löwe aus Stein..." (S. 10), „Ich geh durch den Schnee..." (S. 64) aus: Josef Guggenmos: Katzen kann man alles sagen. Weinheim, Beltz & Gelberg, 1997.

2. Alle Illustrationen zu den Haiku stammen von dem japanischen Maler Itō Jakuchū (1716-1800) aus seinem Werk „Gempo Yōka", d. h. „Perlenblumen im natürlichen Garten". Die Originale befinden sich im Besitz des Hamburger Museums für Kunst und Gewerbe. Nachdruck nur mit ausdrücklicher Genehmigung des Museums für Kunst und Gewerbe, Hamburg, gestattet.

3. Das Portraitfoto auf dem Buchrücken stammt von dem Fotografen Karl-Josef Hildebrand. Eine Verwendung ist nur mit ausdrücklicher Genehmigung des Fotografen gestattet.